AF586576

STÉNOGRAPHIE,

MNÉMOTECHNIE, PASIGRAPHIE.

COMBINAISON UNITAIRE

PAR

WILLHELM-LÉO TAILLIAN

Ces trois Sciences modernes ont pour auxiliaires directs :
La STÉNOGRAPHIE, l'Oreille;
La MNÉMOTECHNIE, l'Esprit;
La PASIGRAPHIE, les Yeux;
Et pour but *progresseur* la marche rapide de L'IDÉE.

MARSEILLE
TYPOGRAPHIE ET LITHOGRAPHIE H. SEREN,
QUAI DE RIVE-NEUVE, 3.

LISTE DE SOUSCRIPTION

La Souscription marseillaise ayant dépassé nos prévisions, nous publions dès aujourd'hui la liste de nos souscripteurs par ordre d'adhésion, pour la continuer avec les éditions successives.

MM.
B. Billot.
F. de Montchenu.
Ogier de St-Michel.
Bergeron.
A. Lombard.
Ed. Perrimond.
N. Castan.
Th. Germain.
Pierrhugues.
A. Maisonneuve.
V. Gallice.
J. B. Rochebrune.
Léopold Reggio.
L. Bouge.
Corso.
Ch. Musy.
Bouteille.
P. Gras.
Michel de St-Maurice.
T. Maille.
Peyrot.
Angeli.
Léon Chave.
L. Aillaud.
L. Gouzet.
L. Manin.
Félix Rozan.
A. Coupiny.
Ernest Delibe.
César Paul.
A. Donnat.
A. Guitton.
F. Pélabon.
L'abbé Perrée.
L. Fénech.
J. Bernard.
H. Saisse.
Auguste Savine.
T. Gardon.
Ed. Gaubert.
Volcy Bozé.
J. Camoin.
Raphaël Ponson.
Jules Sigaud.
Ant. Bontoux.
L. Lassave.
J. Boulouvard.
L. H. Caune.
Delamarche.
Onfroy.
Paul Bœuf.
F. Arnoux.
Jules Gay.
Le chanoine Carbonnel.
A. Bestagne.
Vandel Frères.
Ant. Allègre.
Emile Laty.
Léopold Viola.
J. Rofritsch.
Rieu.
J.-B. Laugier.
Alcide Peytaud.
Joba.
E. Ducros.
Edouard Hillère.
Charles Michel.
Paul Laurin.
J. Car.
Ramel Etienne.
Louis Gauthier.
Jules Bonnet.
Cyp. Martin.
V. Grand.
A. Nicolas.
F. Giraud.
Journel.
Aug. Brun.
Ch. Depossel.
Jh. Donat.
P. Friédérich.
M. Coste.
P. Manin.
J. Morpurgo.
J. Espanet.
L. Michel.
G. Riboulet.
D. Bensa.
Jules Mouret.
B. Mossé.
Victor Baude.
F. Guillem.
C. Cayol fils cadet.
Ant° Fabrega.
Léopold Vincent.
Alfred Escalon.
Léopold Allégrin.
Maurice Sarrazin.
Pierre Vivian.
Eug. Hardy.
John Hopkinson.
Lucien Rozan.
F. Jullian.
Marius Allemand.
J. Revest.
Hyp. Fouque.
Marcellet.
D. Reynaud.
B. Arnoux.
Hermitte.
L. Peyron.
Paul Blavet.
E. Pierson.
Léonce Grognard.
F. Espinos.
Boissery.
Jules Eyraud.
L. Bicheron.
Condamin.
Guillaume Dumas.
Auguste Aillaud.
J. J. Favre.
Louis Bonnet.
Edmond Michel.
Alphonse Laurent.
Théodore Jourdan
Henry Bernard.
Marseille.
J.-B. Moulet.
Joseph Rousset.
A. Moutte.
Fouque, de Paris.
H. Trotebas.

STÉNOGRAPHIE,

MNÉMOTECHNIE, PASIGRAPHIE.

COMBINAISON UNITAIRE

PAR

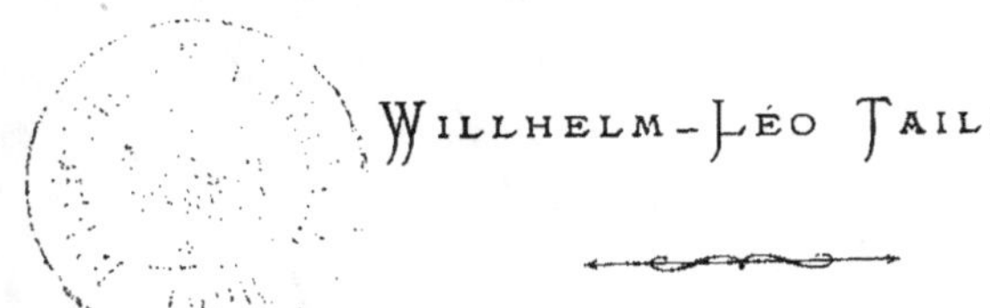

WILLHELM-LÉO TAILLIAN

Ces trois Sciences modernes ont pour auxiliaires directs :
La STÉNOGRAPHIE, l'Oreille;
La MNÉMOTECHNIE, l'Esprit;
La PASIGRAPHIE, les Yeux;
Et pour but *progresseur* la marche rapide de L'IDÉE.

MARSEILLE
TYPOGRAPHIE ET LITHOGRAPHIE H. SEREN,
QUAI DE RIVE-NEUVE, 3.

Les formalités exigées par la loi ayant été remplies, tout exemplaire qui ne sera pas signé par l'auteur sera réputé contrefait, tant en France qu'à l'Étranger, et le contrefacteur sera poursuivi conformément aux décrets sur la propriété littéraire.

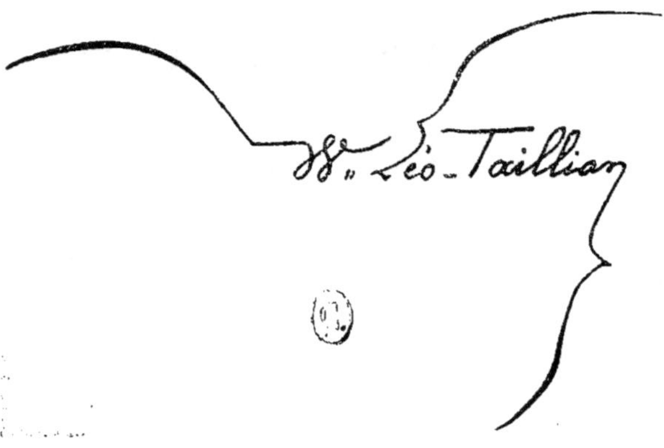

N. B. — Messieurs les Éditeurs français et étrangers qui voudraient acheter le droit de traduction des trois Méthodes et le tableau pasigraphique indiquant tous les mots qui définissent le langage universel de la pensée, sont priés de s'adresser directement à l'auteur, à **Marseille, Chemin des Chartreux, 82.**

Ecrire franco.

AVANT-PROPOS

Vulgariser la Science, c'est servir Dieu et le progrès.

Nous nous adressons à tout homme intelligent qui veut approfondir sérieusement un ouvrage d'utilité. C'est pourquoi nous prions le lecteur de ne point chevaucher sur les méthodes que nous lui soumettons, mais d'en parcourir attentivement chaque ligne, qu'il n'abandonnera qu'après l'avoir bien comprise.

Quand on veut apprendre une langue, on fait choix d'un professeur habile, on écoute patiemment ses leçons quelque difficultueuses quelles paraissent, et quand on la sait, on s'exerce durant plusieurs mois à traduire et à analyser.

Cette application, lecteurs, nous la réclamons pour quelques heures seulement et, instruits, vous aurez la satisfaction de vous dire : *Je connais deux arts utiles ; je les ai compris à la simple lecture, je les ai appris sans maîtres, et je n'ai qu'à faire quelques exercices pour sténographier un discours et orner ma mémoire d'une multitude de faits et de dates qui m'échapperaient sans le secours de la Mnémotechnie.*

La Sténographie et la Mnémotechnie combinées peuvent être considérées comme le prélude de la Pasigraphie ou langue universelle exprimant, non point seulement des sons, mais des idées ; non point seulement des mots, mais des phrases entières qui seront comprises par tous les hommes, quel que soit leur langage écrit ou parlé.

C'est ce que nous essaierons de démontrer, après l'examen approfondi de la Sténographie combinée avec la Mnémotechnie.

WILLHELM-LÉO TAILLIAN.

DE LA STÉNOGRAPHIE

στενὸς-γραφή
Serré-Ecriture

La Sténographie est l'art d'écrire aussi rapidement que la parole qu'elle saisit au vol pour la reproduire aux yeux.

Pour arriver à ce résultat, la Sténographie emploie des signes de convention qui abrègent l'écriture usuelle.

L'oreille n'étant frappée que des sons émis par la voix, la Sténographie ne s'attache qu'à la représentation des syllabes qui forment un son. C'est pourquoi elle ne reconnaît pas l'ortographe et écrit les mots comme on les prononce.

EXEMPLE :

Méthode	Sténographique	Willhem-Léo
Mé-to-d-	S-té-no-gra-fik-	Ou-i-in-Lé-o.

La méthode unitaire qui devra être adoptée par la généralité, sera celle qui offrira le plus de concision et le moins de signes.

Bien des méthodes publiées jusqu'à ce jour se sont rapprochées du but, mais ne l'ont pas atteint, et leurs signes ont jeté de la confusion dans une écriture rapide, à cause de leur forme similaire. De grands et de très-grands demi cercles, de petits demi-cercles, de grands quarts et de petits quarts de cercle ; les lignes droites, plus ou moins allongées, tracées de haut en bas et de bas en haut pour les rendre plus fines, nuisent à la clarté de l'écriture Sténographique à laquelle nous apportons des modifications que le public appréciera.

deux angles, *six crochets*, *quatre courbes* et *quatre droites*.

En tout 16 signes, établissent notre méthode, basée sur la Mnémotechnie ou l'art de retenir les dates.

VOYELLES

Les voyelles sont représentées par six crochets *a. é. i. o. u. ou.* qui correspondent à douze sons et remplacent plus de cent cinquante consonnances similaires que l'ortographe française est obligée de distinguer.

AINSI :

A.	à. as. aast. at. ât. ah ! ha ! ad. ab. eat. eât.
É.	è. ê. ai. ais. aid. aids. aie. aies. ait. aient. haie. aix. hé ! eh ! ès. ée. œ. er. ées. éées. er. ers. et. êts. êt. ey eys. ez.
I.	î. y. ie. ies. id. ids. it, ith. its iz. ib. hi. il. ille.
O.	ô ! oh ! ho ! os. ot. ots. au. aux. aud. auds. ault. aults aulx. aut. auts. eau. oa. eaux.
U.	û. ud. uds. ub. us. ue. ues. ut. uts eut. hu. hut.
Ou.	oû. oue, oues. oud. ouds. oug. ougs. ouls. oult. oup. oups. ous. out. outs. oux. aou. hou. houx. houe. août.

Les Sons an. eu. in. on. un. oun. n'étant que la conséquence des voyelles *a. é. i. o. u. ou,* nous devons les considérer comme appartenant à ces mêmes voyelles et dès lors aux mêmes signes, avec cette différence que les crochets seront doublés.

An.	and. ands. ant. ants. anc. ancs. ang. angs. amp. amps. am. ean. eans. aen. en. eng. engs. emp. emps. ens. eng. empt. ent. aon. aons. hant.
Eu.	eut. heu. heux. eux. œu. œus. œufs. euh. heut. eue.
In.	ain. aim. ains. aims. aint. ein. eins. eint. eing. int. inct. ing. en. hym. inq.
On.	ond. omb. onc. ont. ompt. aon. ong. et le pluriel.
Un.	hun. huns. eun. uns. unt. und. hum ! — Oun. *Simoün.*

Il importe peu à la Sténographie que les voyelles soient palatales, dentales, labiales ou nazales. Il suffit de les distinguer par des signes non équivoques. Ainsi les sons

a. é. i. o. u. ou. ne peuvent être confondus avec les sons an. eu. in. on. un. oun.

puisque ces derniers sont doublés du signe distinctif.

Les diphtongues étant la réunion de deux sons, exigeraient deux signes :

oui. *ou-i.* loi. *lo-a.* besoin. *be-zo-an.* bedouin. *be-dou-in.*

Mais en pointant les sons suivants, nous aurons :

o.	qui	*oi.*	*ou.*	qui	*oui.*
on.	pointés	*oin.*	*u.*	pointés	*ui.*
oun.	donneront	*ouin.*	*un.*	donneront	*uin.*

L'E muet étant attaché d'*office* aux consonnes, il n'est pas nécessaire de le désigner par aucun signe.

CONSONNES.

Les consonnes sont représentées par quatre courbes, deux angles et quatre droites.

se. te. ne. me. re. le. je ke. fe. pe.

Ces dix signes correspondent à 18 sons

parce que	ze.	de.	gne.	ll.	che.	gue.	ve.	be.
sont les assonnances de	se.	te.	ne.	le.	je.	ke.	fe.	pe.

En pointant ces huit signes — puisque *me. re.* n'ont point d'assonnances — nous économisons huit figures, qui abrègeront notre méthode.

Ainsi, les signes étant pointés, nous aurons *ze* pour *se*, *de* pour *te*, *gne* pour *ne*, *lle* pour *le*, *gue* pour *ke*, *ve* pour *fe*, *be* pour *pe*

Les dix consonnes représentées ci-haut, correspondent à cette phrase mnémonique.

si	tu	n'ai	mes	rien
se.	te.	ne.	me.	re.
0.	1.	2.	3.	4.
loue	gens	qui	font	bien
le.	je.	ke.	fe.	be.
5.	6	7.	8.	9.

Phrase qui sert à classer toutes inventions, découvertes, chronologies et nomenclatures quelconques, exigeant une date, un ordre numérique ou une époque précisée, ainsi que nous le démontrerons au chapitre Mnémotechnie.

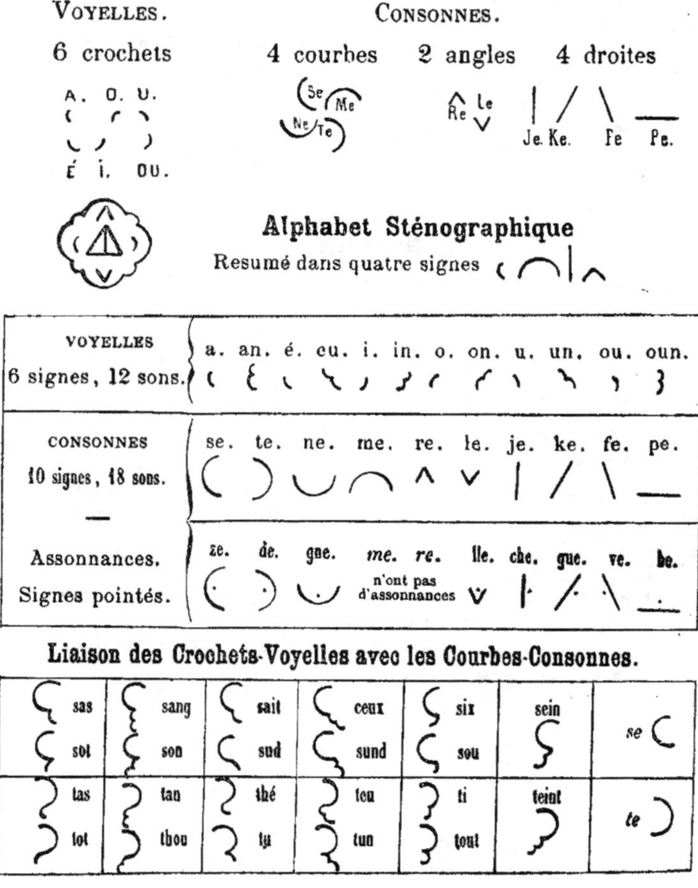

na nau	nan non	nez nu	nœud nun	nid noue	nain	ne
mât mot	man mont	mais mû	meux mund	mis mou	main	me

Liaison des crochets-voyelles avec les droites-consonnes.

jas jo	jean jonc	geai jus	jeu jeun	gie joue	jin	je
cas go	camp gond	quai gu	queue qu'un	qui cou	gain	ke
fat faux	faon fond	fait vu	feu fun	fi fou	fin	fe
pas pô	paon pont	paix bu	peu bun	pie boue	pain	pe

Liaison des crochets-voyelles avec les angles-consonnes.

rat rôt	rang rond	raie rue	reu run	riz roue	rein	re
là lot	lent long	lait lu	leu lun	lit loup	lin.	le

Liaison des consonnes-courbes entre elles.

Seine noce	tonne messe	sotte Nimes	somme natte	tome motte	tasse manne

Liaison des consonnes-droites entre elles.

chiffon	coiffe	jacquot	jupe	cape	cage
forge	page	fripe	faquin	polka	pouf

Liaison des angles-consonnes entre eux.

râle	Laure	rôle	lyre

Liaison des courbes avec les droites.

sage	soque	sofa	soupe
toge	toque	taff.	tape
neige	nuque	nimphe	nappe
mage	moka	muff	maupas

Liaison des assonnances ou sons enflés ou diminués.

se	ciseau	zoucet	ze
te	tendu	date	de
ne	bénigne	mignonne	gne
je	juché	charge	che
ke	cangue	guiscard	gue
fe	fêve	vif	ve
pe	pied-bot	bon pied	be
le	rôle	rouille	lle

Les divers exemples que nous venons de donner résument le mécanisme de notre méthode. Il ne nous reste qu'à tracer une phrase entière, pour en démontrer la simplicité et la rapidité.

Phrase à Sténographier

La méthode Léo est appelée à primer sur tous les systèmes publiés jusqu'à ce jour, tant elle est facile, simple, claire et concise.

Prononciation.

La métod Léo é aplé à primé sur tou lé systém publié juska se jour, tan él é fasil, simpl, klér é konsiz.

Écriture sténographique mot pour mot.

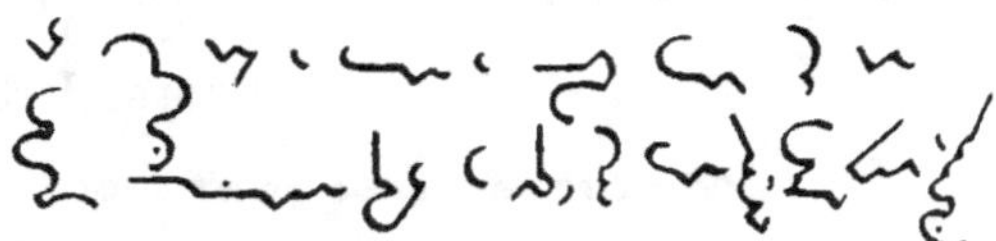

NUMÉRATION.

se	te	ne	me	re	le	je	ke	fe	pe
(	)	‿	⌒	^	v	|	/	\	—
0.	1	2.	3.	4.	5.	6.	7.	8.	9.

cent.	mille.	million.	billion.	trillion.	etc

La sténographie est-elle applicable à l'écriture des nombres ?
Oui, s'il s'agit d'écrire une ligne étendue de chiffres.
Non, s'il s'agit de poser quelques nombres.

Exemple :

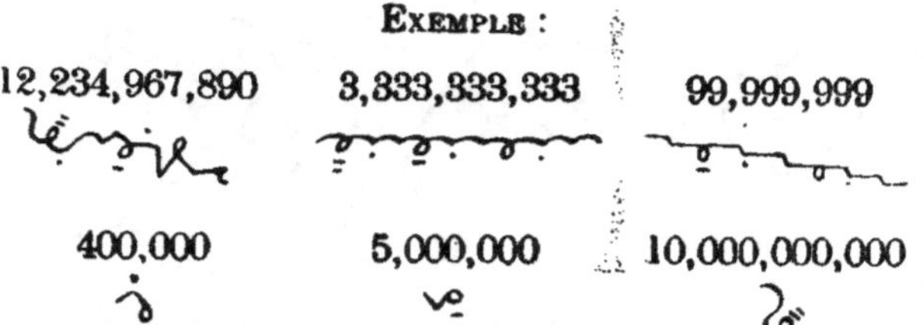

STÉNOGRAPHIE.

EXERCICE

L'art que le peuple encouragera, ce sera le grand art et non les mièvreries où se complaisent les époques fatiguées.

La littérature que le peuple inspirera, sera une littérature noble, s'adressant aux hauts sentiments, et non une littérature frivole, consistant en jeux d'esprit et en tours de force d'exécution.

Le style que le peuple voudra, sera le français de grand aloi, simple, naturel, non cette langue maniérée, variable à tout vent de doctrine que la fantaisie individuelle essaie de créer.

ERNEST RENAN.

Traduction mot pour mot.

Première phrase.

Deuxième phrase.

Troisième phrase.

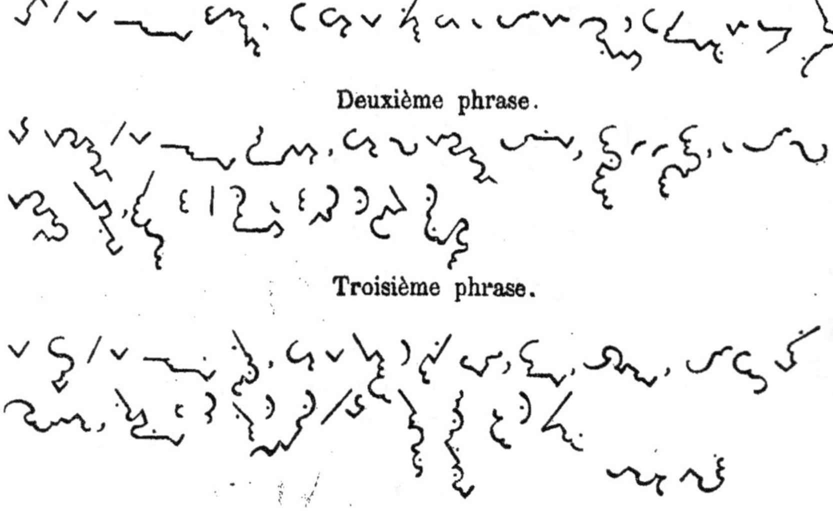

Comme tant d'autres nous pourrions multiplier nos exemples et nos modèles d'exercices. La prolixité des phrases et des exemples enfle un volume, sans rien ajouter à la démonstration.

Nos élèves, *sans maîtres*, peuvent tracer eux-mêmes leurs exercices, en ayant notre alphabet sous les yeux et dont ils pourront même se passer s'ils se rémémorent ces mots : *soutènement*, *rôle*, *jeu qui fait peu* applicables aux consonnes.

COURBES.	ANGLES.	DROITES.
se. te. ne. me.	re. le.	je. ke. fe. pe
( ) ◡ ◠	∧ ∨	| / \ —
sou - té - ne - ment	rô - le	jeu - qui - fait - peu

Et cette figure donnant les voyelles.

Sons	A. O. U. / É. I. OU.	soit pour les doubles	AN ON UN / EU. IN. OUN.

Les *ll* mouillés sont sensibles après les sons *a*. *e*. *eu*. *ou* nous les avons désignés par l'angle ∨ *le* qui, pointé, donne ∨ *lle* ou *ye*.

EXEMPLE :

bataille	bataye	ille prend le son i
quenouille	quenouye	béquille béki
merveille	mervéye	jonquille jonki
feuille	feuye	guenille gueni

∧ *re* et ∨ *le* peuvent être réduits à ces deux signes / *re* \ *le* dans la marche rapide du discours sténographié.

rôle lyre.

Pour les mots qui reviennent fréquemment dans le discours et pour tout ce qui est étranger à la marche de la parole, on se sert des abréviations suivantes qu'on trace en dessous de la ligne :

Messieurs Mes frères Mes chers auditeurs Je demande la parole Rires prolongés Murmures à la gauche. Interruption à la droite. Approbation au centre A l'ordre Bruit

Un crayon noir n° 3, facilite l'expédition de l'écriture sténographique. Quand on traduit on se sert de l'encre à copier qui donne à la presse trois exemplaires bien nets sur le papier sans colle.

Notre Sténographie est applicable à la télégraphie nautique. Elle peut-être pratiquée à terre par un seul homme qui, avec un cercle de futaille, reproduira non seulement la numération adaptée aux phrases prévues par tous les codes maritimes, mais encore les phrases et tous les ordres secrets à transmettre aux troupes de débarquement.

L'auteur tient à la disposition de son Excellence le Ministre de la Marine et des Consuls des puissances étrangères un système de signaux *non équivoques*, permettant de communiquer de bord à bord et de bord à terre, soit le jour soit la nuit .

Ecrire *franco* au domicile de l'auteur, **Chemin des Chartreux, 82,**
MARSEILLE.

DE LA MNÉMOTECHNIE

μνημη-τεχνη
Mémoire-Art.

La Mnémotechnie est l'art de retenir la date des faits mémorables et de classer méthodiquement : soit les synchronismes de l'histoire, soit les ordres chronologiques, soit les principes fondamentaux des sciences et des arts, bref tout ce qui exige un ordre numérique, une date ou une époque.

Pour arriver à ce résultat, la Mnémotechnie emploie des lettres alphabétiques qui représentent la numération ou système décimal.

Contrairement à la Sténographie qui s'arrête sur les sons émis par la voix, la Mnémotechnie s'attache aux simples consonnes qui représentent les chiffres à retenir et qui servent à former les phrases mnémoniques. Elle n'admet, dès lors, les voyelles que pour faciliter la marche de la phrase qu'elle crée pour chaque sujet à graver dans l'esprit.

C'est pourquoi elle joue sur les mots rappelant un fait, un nom ou une époque, ainsi que nous allons le démontrer.

Dix consonnes correspondant aux chiffres 0. 1. 2. 3. 4. 5. 6. 7. 8. 9. établissent la mnémonique qui a été appliquée avec succès à la musique.

Ces dix consonnes, les mêmes employées dans notre méthode

sténographique, sont :	s.	t.	n.	m.	r.	l.	j.	k.	f.	p.
auxquelles s'adaptent les chiffres	0.	1.	2.	3.	4.	5.	6.	7.	8.	9.
et les assonances	z.	d.	gn.				ch.	gu.	v.	b.

Pour se familiariser avec les chiffres et leur ordre progressif nous formulerons cette phrase :

Si	Tu	N'ai	Mes	Rien,	Loue	Gens	Qui	Font	Bien
s.	t.	n.	m.	r.	l.	j.	k.	f.	p.
0.	1.	2.	3.	4.	5.	6.	7.	8.	9.

Là est tout le secret d'un système qu'on peut appeler à juste titre : le levier de l'intelligence, car il allège l'esprit de ce poids oppresseur du *souviens-toi*, et lui fournit des thèmes ingénieux qui se présentent naturellement dans le discours parlé.

EXEMPLE :

Pharamond est, en chronologie, le premier roi de France. Il a commencé à régner au cinquième siècle; soit en 420.

La lettre D	correspond	au chiffre	1
La lettre R		au chiffre	4
La lettre N		au chiffre	2
La lettre Z		au chiffre	0

Formulons une phrase rimée qui sert mieux que la prose à la graver pour toujours dans la mémoire :

FORMULE... { *Du Fard*, chez la précieuse,
Est une dépense *R*ui*N*eu*S*e.

RÉSULTAT.. 1. Pharamond. 4 2 0.

Pépin-le-Bref vivait au milieu du huitième siècle. C'est le 23me roi de France.

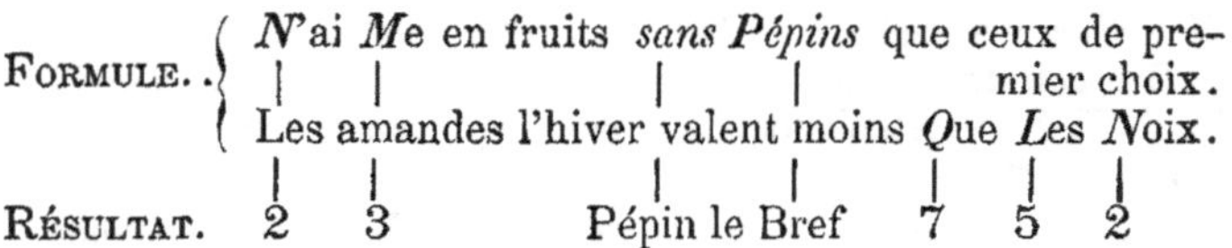

Comme on le voit l'ordre chronologique est dans le premier mot. Le nom du roi est rappelé par un mot qui s'en rapproche. La date de l'avénement au trône est dans la dernière rime.

L'une de ces rimes (la dernière) est utile, l'autre n'est qu'accessoire ; mais l'une ramène l'autre. Un enfant comprend ce mécanisme tant il est simple. En effet, quel homme intelligent connaissant la clé mnémonique, en lisant ce distique qui semble n'avoir aucune signification :

> *N*u*L* *Loup Débonnaire* n'aurait l'imposture,
> De se promener en *V*oi*T*u*R*e.

Ne dira : Le 25me roi de France était Louis-le-Débonnaire, arrivant au trône en 814.

Il en est de même pour la construction des phrases ayant trait aux découvertes ou aux inventions.

EXEMPLES :

Le *Colon* d'*Amérique* eut, pour prix de sa peine,
Le mont Capitolin, la *roche TaRPéieNne*.
1 4 9 2.

Colomb découvrit l'Amérique en 1492. Le mont Capitolin signifie les honneurs rendus au célèbre navigateur. La roche Tarpéienne, mot qui renferme la date de la découverte, signifie l'ingratitude qui paya le savant que les envieux discréditaient auprès de la Reine d'Espagne.

L'Imprimeur né malin *Goûte en berçant* sa prose,
Le plaisir *d'être noir* et celui d'*éTRe RoSe*.
1 4 4 0.

L'imprimerie fut inventée par Gutenberg en 1440. Être noir signifie non seulement les écrits mordants, mais encore le caractère propre des épreuves typographiques qui sont tirées en noir. Les ouvrages de l'esprit (la poésie) et l'imprimerie en couleur qui porte le nom de congrève, sont désignés par les mots : éTRe RoSe qui renferment la date de l'invention.

Nous croyons superflu de multiplier nos exemples de phrases mnémoniques. Il suffit d'indiquer la manière de construire ces phrases qui dégagent la mémoire d'un nombre incalculable de souvenirs de classe et permettent de relever les anachronismes des érudits de salon.

Prenons pour exemple un fait important : l'Edit de Nantes. Ce fait comprend trois règnes et trois époques.

1. La promulgation. Henry IV. 1598.
2. La révocation. Louis XIV. 1685.
3. La rénovation. Louis XVI. 1774.

Cherchons d'abord le mot qui se rapproche le plus du fait qu'on veut retenir.

Ba*dinant* se rapproche d'*Edit-Nantes* nous le choisirons. Les rois sont Henry et Louis. *En riant*, *Loup* ou *Loutre* rappelleront les noms ; à défaut nous désignerons Henry IV sous le nom de *Vert-galant*, épithète très-répandue.

Il nous reste à choisir un mot pour les époques :

1598	d l p v	*de l'épave.*
1685	d j v l	*du cheval.*
1774	d k k r	*du coquereau.*

Tels sont les mots que nous allons placer à la fin de nos phrases mnémoniques, après avoir intercalé, au commencement le fait, et dans le corps les rois.

EXEMPLE N° 1.

En ba*dinant*,
Le *Vert-Galant*
Aligna dans sa cave
Les tonneaux *D*e *L'*é*P*a *V*e.

Edit de Nantes. Henry IV. (Sage mesure) 1598.

N° 2.

En ba*dinant*, la *LouTR*e et le chacal
Révoquèrent les droits *D*u *C*he *V*a*L*.

Edit de Nantes. Louis XIV. Révocation injuste. 1685.

N° 3.

En *protestant*, le *Loup* *T*ou*C*ha le Vieux *T*au*R*eau
1 4
Qui supprima l'exil des gens *D*u *C*o*Q*ue*R*eau.

Rappel des protestants sous Louis XVI. 1774.

Voilà trois phrases plus rapidement créées qu'expliquées. Que de détails peuvent se cacher dans un mot qui paraît banal et obscur. Le vieux *T*au*R*eau qui renferme le chiffre 14, signifie le vieux parlement complaisant qui, sous Louis XIV, sanctionnait les décrets impérieux et arbitraires. Le mot Exil rappelle cette funeste émigration des protestants qui enrichit l'étranger de tant de secrets industriels. C'est presque une révélation pasigraphique.

Terminons par un dernier exemple qui sera le *nec plus ultra* de la mnémotechnie.

Quoi de plus aride à retenir par cœur qu'une longue série de chiffres ? et pourtant quoi de plus facile en construisant une phrase mnémonique.

Traçons une ligne de chiffres 50, 500, 348, 214, 540
Consonnes correspondantes l s l s s m r f n d r l r s

Avec ces consonnes l s l s s m r f n d r l r s, construisons une phrase. La chose n'est pas difficile comme on va le voir, puisque nous en donnerons trois pour une.

N° 1. LaiSse Les Sots Se MoRFoNDRe à LeuR aiSe.
5 0 5 0 0 3 4 8 2 1 4 5 4 0

N° 2. LaiSse Le SouCi, Mai ReVeNu, DoRe La RoSe.
5 0 5 0 0 3 4 8 2 1 4 5 4 0

N° 3. Le SoL SuÇant Mes ReVeNus a TaRi Le RuiSseau.
5 0 5 0 0 3 4 8 2 1 4 5 4 0

Voilà donc quatorze chiffres qu'une simple phrase grave à jamais dans la mémoire et, certes, on conviendra qu'il serait impossible — doué soit-on d'une mémoire exceptionnelle — de retenir, pour se le rappeler à perpétuité, un pareil chapelet de nombres, sans le secours de la Mnémotechnie.

Pour ceux de nos élèves trop paresseux pour classer l'histoire de France, nous donnons les cinq séries des gouvernements qui se sont succédé. Ce tableau est complet et doit les encourager à poursuivre la voie que nous leur traçons ; voie suivie seulement par ces hommes de talent que nous appelons les profonds érudits du siècle.

LES ROIS DE FRANCE

UNIQUES DE NOM

PREMIÈRE SÉRIE

DE PHARAMOND A JEAN-LE-BON.

Les Contrebandiers de Messine.

Phare, ta côte lumineuse	PHARAMOND
Etait *ruineuse*.	420.
Collodion le remarqua :	CLODION
A*r*nica	427.
Porta ***Mes rôts***, cailles et grives.	MÉROVÉE
Sur d'au*t*res *r*ives.	448.

Carybde, ce jour, jeûna ;	CARIBERT
Ça *le gêna*.	562.
Carle Martel, dans sa panique,	CH. MARTEL
Fut *comique*.	737.
Pépin n'eut pour mets de choix	PÉPIN-LE-BREF
Que *les noix*.	752.
Eudes n'eut point d'eau-de-vie	EUDES.
Qui *vivifie*.	888.
Raoûl le *Bourgeois* arriva	RAOÛL DE BOURGOGNE
De *panama* ;	923.
Avant de porter *Lot* à *terre*,	LOTHAIRE
Pour leur *plaire*.	954.
Il mit à la *Cape*, débarqua	HUGUES CAPET
On *bivouaqua*.	987.
Robin, frocard, sur chaque roche,	ROBERT
Fit *bamboche* ;	996.
Car le *Jambon* ouvrait les yeux	JEAN-LE-BON
Des malicieux.	1350.

DEUXIÈME SÉRIE. — Du 5me au 8me siècle.

3 Childéric.

1. *Tu Dérideras* ce lâche	CHILDÉRIC Ier
Que je *relâche*.	456.
2. *Ne Déride* pas la face	CHILDÉRIC II
Que *j'agace*.	670.
3. *Mais Déride* la nonne	CHILDÉRIC III
Que je *couronne*.	742.

2 Chilpéric.

1. *S'il périt*, j'aurais pour refuge	CHILPÉRIC Ier
Le juge.	566.
2. *S'il ne périt*, de Maupas	CHILPÉRIC II
Ne le *quitte pas*.	719.

2 Childebert.

1. *S'il te perd*, ton arbalète	CHILDEBERT Ier
Le vise à *la tête*.	511.
2. *S'il ne te perd*, je l'appelle	CHILDEBERT II.
A la *Chapelle*.	695.

2 Tierry.

1. *Tout tiers* prenait le propos	THIERRY Ier
A *chaque mot*.	673.
2. *Nul Tiers ne* rendit service	THIERRY II
Qu'à Nice.	720.

2 Dagobert.

1.	*Dague* des rois Dit : *Je né vois*.	DAGOBERT Ier 628.
2.	*Nulle Dague n'a* porté Sa *quotité*.	DAGOBERT II. 711.

3 Clovis.

1.	*Tout Vise*, discute, *Réfute*.	CLOVIS Ier 481.
2.	*Ne Vise* et ne fais au jeu *Jamais feu*.	CLOVIS II 638.
3.	*Mon* œil *Vise* le plus haut *Chapiteau*.	CLOVIS III 691.

4 Clotaire.

1.	*Tu Clôtureras ta* rive. A *l'olive*.	CLOTAIRE Ier 558.
2.	*Né Clôture* pas l'hectare de *l'avare*.	CLOTAIRE II 584.
3.	*Mais Clôture* mon partage, *J'ai l'âge*.	CLOTAIRE III 656.
4.	*Rien* ne *Clòturera* le bois Des *katakois*.	CLOTAIRE IV 717.

TROISIÈME SÉRIE. — Du 11me au 16me siècle.

4 Henry.

1.	*Du Riz*, ce mêts qui t'alimente, *Te cimente*,	HENRI Ier 1031.
2.	*Ne Ris* pas, c'est le mêts, je crois, *De l'iroquois*.	HENRI II 1547.
3.	*Mais Ris*, en fumant un cigare, *De la gare*.	HENRI III 1574.
4.	*Ris* devant son buffet si beau, *Du lavabo*. (bouillon).	HENRI IV 1589.

6 Philippe.

1.	*Du Fil* que guide avec adresse *Ta sagesse*,	PHILIPPE Ier 1060.
2.	*Ne File* pas un peloton *De ta façon*.	PHILIPPE II 1180.
3.	*Mais* crains, *Hardi*, que les *Filasses* *Tu n'agaces*.	PHILIPPE-LE-HARDI. 1270.
4.	*Rends-le Bel*, jamais *Fil* mélé *Tu n'as filé*	PHILIPPE-LE-BEL 1285.

5. *Long Fil* soyeux ne se détache *De ma tâche*.	PHILIPPE-LE-LONG 1316.
6. *Je File* l'amour en filant le lin Sous *ton minois fin*.	PHILIPPE VI 1328.

2 François.

*Tu Franch*is le *pavois* et déchire le voile *De l'étoile*.	FRANÇOIS Ier (Pavie) 1515.
*Ne Franch*is pas la rampe *De la lampe*	FRANÇOIS II 1559.

QUATRIÈME SÉRIE.

11 Charles.

1. *Charlotte* en parcourant les rimes *que je fais*	CHARLEMAGNE	768
2. *N'en* comprend pas le sens : c'est *Chauve*, mais *français*.	CHARLES-LE-CHAUVE	840
— *Le Gros* sel a du bon, la nouveauté fait *vivre*,	CHARLES-LE-GROS	884
3. *Mais* le *Simple* toujours *fait pavois* dans un livre.	CHARLES-LE-SIMPLE	898
4. *Raille Le Bel* esprit, *toi, ma Nine*, au cœur d'or,	CHARLES-LE-BEL	1322
5. *Le Sage* esprit des fous, règne à *l'état major*	CHARLES-LE-SAGE	1364
6. Je flatte l'*Insensé*, sa cause *était mauvaise*	CHARLES VI l'insensé	1380
7. *Quel Char* d'honneur *t'aura*. *Nine* au regard de braise	CHARLES VII	1422
8. *Huit*-ressorts te plairait, chaise-à-por*teur vaut mieux*	CHARLES VIII	1483
9. *Char neuf de la chaussée* est bientôt mis au vieux.	CHARLES IX	1560
10. *Dix* rois, sur onze *Chars*, femme *t'ont vénérée* Dans le char de mon cœur ta place est assurée.	CHARLES X CHARLES-LE-GROS ne prend pas d'ordre numérique.	1824

18 Louis.

1, *Toutou Loup Débonnaire* a traîné ma *voiture*.	LOUIS-LE-DÉBONNAIRE	814
2. *Né Bègue*, il *fut coquet*, mais de bonne nature.	LOUIS-LE-BÈGUE	877
3. *Mon Loup Ment* à sa race, un fouet l'a *fait capot*.	LOUIS III et CARLOMAN	879
4. *Rien* d'*Outré, peu méchant*, mon Loup n'a qu'un défaut :	LOUIS-D'OUTRE-MER	936
5. *Le Fainéant* s'arrête en frayant le *pavage*.	LOUIS-LE-FAINÉANT	986
6. *Jaloux, têtu*, sa voix est le cri du sauvage	LOUIS VI	1108
7. *Quand* mon *Loup* vint au bois, de lui *tu t'es moqué* :	LOUIS VII	1137
8. *Vieux Loup tu ne nommas* ton confrère choqué	LOUIS VIII	1223
9. *Que Loup neuf*, vil esclave, échappé *d'une niche* :	LOUIS IX	1226
10. « *Dis, Loup Hutin, ton maître* est sans doute un caniche?	LOUIS-LE-HUTIN	1314
11. *Toutou*, les autres Loups d'ici *t'ont rejeté*,	LOUIS XI	1461
12. *Loup doux*, obéissant, sur l'*hydrophobe* enté »	LOUIS XII	1489
13. Mon *Loup très*-ennuyé, alluma *ta juteuse*,	LOUIS XIII	1610
14. *Te rit, Loup, te charma*, te mit d'humeur joyeuse.	LOUIS XIV	1643
15. *Tel Loup* raillant le mien comme un *dogue attelé*	LOUIS XV	1715
16. *Touche du coquereau* le bordage étoilé.	LOUIS XVI	1774
17. *Loup ta queue a péri*, victime de l'injure ;	LOUIS XVII	1794
18. *Tu fus* pour moi le *Loup* fidèle à *ta voiture*.	LOUIS XVIII	1814

CINQUIÈME SÉRIE.

Révolutions. — Consulat. — Empires.

18me et 19me siècle.

A l'*ère plébéienne*	RÉPUBLIQUE
Toque païenne.	1792.
A *Consul* fripon	CONSULAT
Toque pompon.	1799.
L'*Empire défait* la loi	EMPIRE
Du Vice Roi.	1804.
L'*ère* des *trois jours* certe *était fameuse*	Juillet 1830.
La lampe *Filait* elle *était fumeuse.*	LOUIS PHILIPPE
L'*ère nouvelle* était l'Eve	RÉPUBLIQUE
Du vieux rêve.	1848.
Moi, Napolitain je nie	NAPOLÉON III
Ta félonie.	1852.

Le mécanisme de la Mnémotechnie consiste à remplacer les nombres par des lettres consonnes.

L'habitude nous a familiarisé avec le jeu des chiffres et des notes musicales. Nous épelons sans ordre, à rebours ou isolément:

0, 1, 2, 3, 4, 5, 6, 7, 8, 9. — *do, ré, mi, fa, sol, la, si, do.*

Pourquoi ne dirions-nous pas, par habitude: *se, te, ne, me, re, le, je, ke, fe, pe,* ou *ze, de, gne, me, re, le, che, gue, ve, be,* qui donnent la numération sténographique, mnémotechnique, pasigraphique et la combinaison de ces trois sciences modernes qui sont la clé du laboratoire intellectif.

DE LA PASIGRAPHIE

πᾶς-γράφω
Tout-j'écris.

La Pasigraphie est l'art de réunir le plus grand nombre d'idées dans un certain nombre de signes conventionnels qui, adoptés par tous les peuples policés, constitueraient une grammaire universelle et détruiraient les barrières de la conversation créées par la différence des langues.

De sorte qu'un Parisien, touchant aux antipodes, pourrait se faire comprendre d'un naturel de la Nouvelle-Zélande qui posséderait la clé de notre méthode, réduite à une simplicité rigoureuse.

En effet, quel homme — sauvage ou civilisé — ne serait apte à tracer une courbe ou une droite? C'est là le mécanisme de la science pasigraphique dont nous allons indiquer les éléments, et que les apôtres du progrès conduiront à l'état parfait de concordance et de liaison avec les autres sciences, avec les arts vulgarisés, bref, avec les bienfaits d'une civilisation généreusement distribuée qui répand tous les jours la lumière sur les ténèbres de l'ignorance et de la barbarie.

La Sténographie s'adresse éloquemment aux yeux, en reproduisant le discours parlé.

La Mnémotechnie s'adresse mécaniquement à la mémoire, en effaçant l'aridité des chiffres.

La Pasigraphie s'adresse intelligemment à l'esprit, en retraçant le langage des idées.

La première est l'écriture abréviative, applicable au langage propre d'une nation.

La deuxième est l'écriture mémorative, applicable seulement à l'individualité.

La dernière est l'écriture abstractive, applicable à la langue universelle.

Pour arriver à ce résultat, la Pasigraphie emploie des signes généraux qui indiquent l'ordre des idées, des signes corrélatifs qui coordonnent le discours avec les idées générales, et des signes numériques qui expriment les mots et les phrases.

PASIGRAPHIE

Les hiéroglyphes égyptiens n'étaient qu'une espèce de Pasigraphie dont Champollion avait trouvé la clé, et nos rébus récréatifs sont calqués sur les figures symboliques des égyptiens.

Si quelques signes faciles à tracer et à retenir peuvent représenter des idées d'ensemble, quel résultat immense serait obtenu, puisque, sans connaître la langue des Turcs ou des Chinois, l'anglais et le français touristes pourraient établir une conversation intéressante avec tous les peuples et en tous lieux de la terre.

C'est ce grand problème que nous allons résoudre. Cette solution et l'application de notre Pasigraphie reposent dans la simplicité de notre Méthode.

Cinq figures principales désigneront les idées générales. Les signes corrélatifs, comme on va le voir, sont puisés à ces cinq figures.

SPIRITUALITÉ. MATIÈRE. L'UNIVERS. LES CHOSES.

△ Dieu. La Création. □ Au propre et au figuré.

▽ l'homme. ○ ◇ Dans l'ordre social.

Signes liant le discours

dont huit sont empruntés à la ponctuation usuelle des langues d'Europe.

! me. moi. le mien. ? te. toi. le tien. ; se. lui. le sien. soi.

. oui. donc. ci. il faut. avec. et tout pronom démonstratif , non. ne pas. sans. jamais. ' peut-être. mais. si.

: pourquoi. .. parce que. 0 ANTHITÈSE rien. contre.

indication. —— *direction.* afin de. pour. *liaison. unité.* ⌒ par. de. et. à. toujours. | *division. partie. éloignement.* malgré. ( ) *réunion. tout.* dans.

Verbes.

être penser faire vouloir pouvoir avoir

connaître comprendre parler croire dormir voir

Avec ces cinq figures générales ou points de repère, douze signes liant le discours et douze signes désignant les principaux verbes — en tout trente signes — nous possédons la clé de la langue universelle, soit la grammaire des nations.

Les tableaux suivants démontreront l'utilité du système pasigraphique qui conserve, pour la numération, les mêmes signes de notre méthode sténographique :

(	)	‿	⁀	∧	∨	|	/	\	—
0	1	2	3	4	5	6	7	8	9

N° 1

△ Dieu. ▽ L'homme

Un point placé au centre de chaque figure désigne la pluralité :

les Dieux. les hommes.

Nature.	Ame.
Hasard.	Cœur.
Providence.	Raison.
Eternité.	Religion. (1)
Immortalité.	Philosophie.
Splendeur.	Morale.
Passé. Avant.	Enfance. Germe.
Présent. Pendant.	Jeunesse. Croissance.
Avenir. Après.	Vieillesse. Maturité.
Spiritualité.	Matière.
Dieu.	L'homme.

(1) **Religions.**

Catholique. Juive. Réformée.

Mahométane. Hindoue. Païenne.

Tout ce qui a trait à la nature divine ou à la nature humaine peut se classer au moyen de ces triangles.

TRADUCTION PASIGRAPHIQUE.

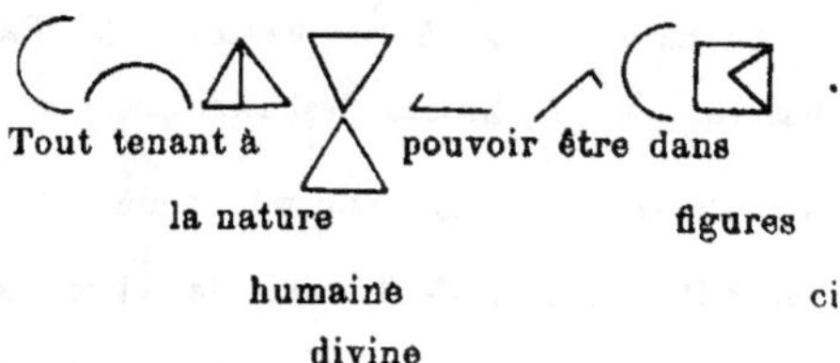

Le développement le plus étendu peut être appliqué à l'idée représentée par le signe. Ainsi la figure △ Dieu donnera, par la numération pasigraphique :

) Jéhovah ! ◡ Créateur. ⌒ Pur esprit. ∧ Grand tout. ∨ Arbitre suprême. | Architecte de l'univers. / Être infiniment parfait. \ Principe de toutes choses. — Moteur immuable sans commencement ni fin.

Ainsi que les locutions ou façons de parler :

Dieu vous garde ! Dieu vous assiste ! Dieu vous le rende !

Dieu vous guide ! Dieu vous bénisse ! Dieu soit loué !

Dieu le veut ! Dieu le fasse ! Dieu merci !

Dieu préserve ! Dieu sait ! Plût à Dieu !

Les signes △ Nature, △ Hasard, △ Providence, nous donneront chacun :

) Etat de nature. ◡ D'après nature. ⌒ Loi de nature. ∧ Dons de nature. ∨ Les mystères de la nature. | Les merveilles de la nature. / Les jeux de la nature. \ La nature c'est Dieu.

) Hasard de la naissance. ◡ Hasards de la guerre. ⌒ Jeu de hasard. ∧ Au hasard. ∨ A tout hasard. |. Par hasard. / Coup de hasard. \ Le hasard c'est Dieu.

) Compter sur la Providence. ◡ S'abandonner à la Providence. ⌒ Se reposer sur la Providence. ∧ La main de la Providence. ∨ Dons de la Providence. | Vues, dessoins de la Providence / Décrets de la Providence. \ La Providence c'est Dieu.

Classement qui figure dans le tableau général que nous soumettrons à Son Excellence le Ministre de l'instruction publique

Il en est de même du signe : △ les dieux, qui donnera tous les dieux de la Mythologie. La numération pasigraphique est rapide et sans ambiguité; elle est de plus facile à retenir et à tracer; ( ) ◡ ⌒ ∧ ∨ | / \ — sont des signes plus simples que les chiffres arabes 0, 1, 2, 3, 4, 5, 6, 7, 8, 9, et qu'une pratique utile nous fera trouver plus commodes. Tout est dans l'habitude, car s'il nous fallait réciter l'*abécé*, en commençant par z, nous serions bien embarrassés.

Aux signes △ dieux ▽ religion catholique ou païenne, nous rencontrerons encore tous les mots nécessaires au developpement des croyances.

Dans le tableau n° 2, nous donnons les passions humaines, affectives et distributives, ainsi que les antithèses ou défauts. On a pu voir que l'antithèse est représentée par le signe O équivalant à *contre*.

N° 2

Qualités.	Défauts.
Passions. — Sentiments.	Vices. — Penchants.
	ANTITHÈSES.
Intelligence.	Nullité.
Force. — Courage.	Faiblesse — Pusillanimité.
Amour. — Amitié.	Haine. — Indifférence.
Ambition.	Médiocrité.
Bonté.	Méchanceté.
Sagesse. — Justice.	Folie. — Iniquité.
Modération. — Prudence.	Colère. — Témérité.
Discrétion.	Médisance.
Activité.	Paresse.
Modestie. — Chasteté.	Orgueil. — Luxure.
Joie. — Satisfaction.	Tristesse. — Inquiétude.
Plaisir.	Peine.
Honnêteté.	Fourberie.
Générosité. — Sensibilité.	Vengeance. — Cruauté.
Frugalité. — Prodigalité.	Gourmandise. — Avarice.
Douceur.	Impatience.

Si nous voulons parler de la structure animale de l'homme, nous tracerons le signe représentant l'idée ▽ et, par le moyen de la numération pasigraphique, nous entrerons dans les détails de l'organisation physique :

LA CHARPENTE :

) os. ‿ moëlle. ⌒ artère. ∧ nerf. ∨ fibre, etc.

LA TÊTE :

) front. ‿ crâne. ⌒ cheveux. ∧ oreilles. ∨ joues, etc.

LE BUSTE :

) cou. ‿ épaules. ⌒ omoplates. ∧ poitrine, ∨ dos, etc.

LA PARTIE INFÉRIEURE :

) ventre. ‿ bassin. ⌒ nombril. ∧ cuisses, etc.

En traçant ces quelques signes nous aurons cette phrase : *la charpente humaine est la merveille de la création.*

On pourrait encore, par analogie et par exception, représenter la structure animale par ces signes qui parleraient aux yeux :

1° LA TÊTE, qui comprend : la face, le crâne, le front, les cheveux, les yeux, le nez, la bouche, les oreilles, les joues, les tempes et le menton. *La vue, l'ouïe, l'odorat, le goût.*

2° LE BUSTE, qui comprend : le cou, les épaules, la colonne vertébrale, les omoplates, la poitrine, le dos, le sein, les hanches, les bras, les coudes, l'avant-bras, le poignet et la main. *Le toucher.*

3° LA PARTIE INFÉRIEURE, qui comprend : le ventre, le bassin, le nombril, les cuisses, les genoux, les mollets, les chevilles et les pieds.

Tous ces signes pourraient se tracer à part et désigner la gauche ou la droite. Les trois tronçons réunis formeraient cette figure.

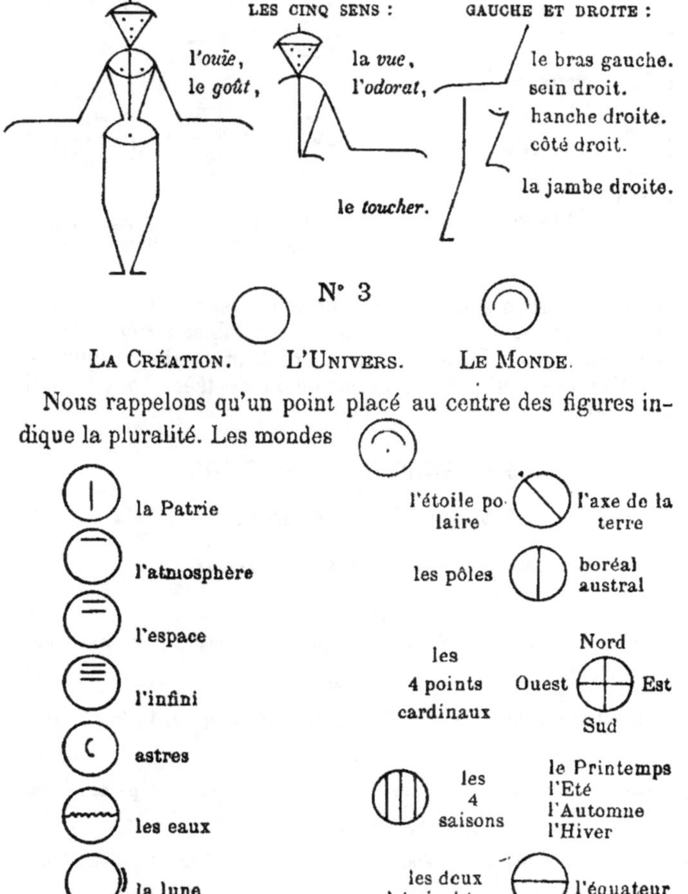

N° 3

La Création. L'Univers. Le Monde.

Nous rappelons qu'un point placé au centre des figures indique la pluralité. Les mondes

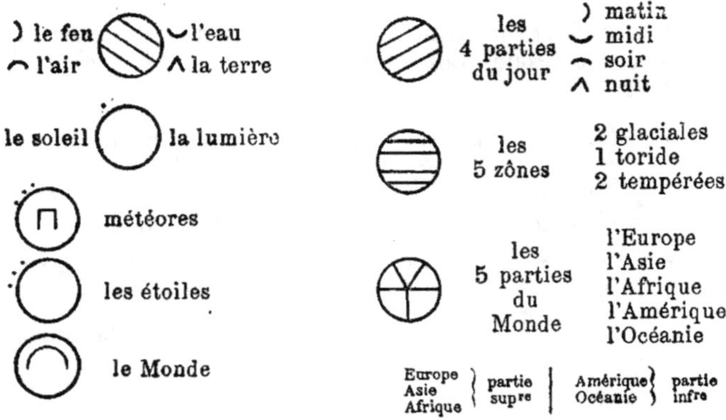

Nous classerons sous le même signe les règnes de la nature. Le tableau qui suit est extrait de notre tableau général ; le lecteur pourra se convaincre de la précision mathématique de notre Méthode qui groupe autour de l'idée-mère tout ce qui y est relatif.

LES RÈGNES DE LA NATURE

Mots qui s'y rattachent. Essences. Espèces.

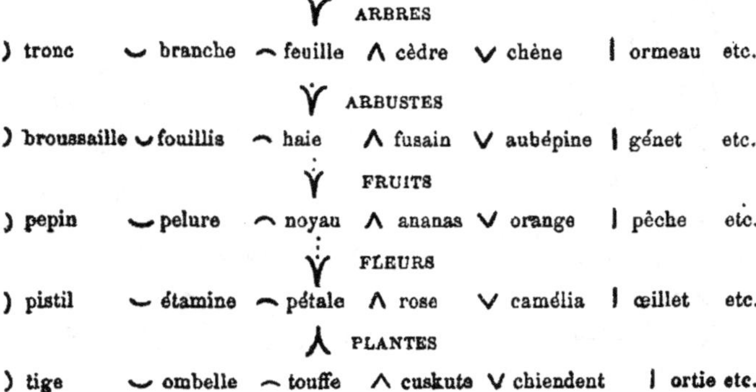

PASIGRAPHIE

⅄ AROMATES

) parfum ◡ baume ⌒ brin ∧ absinthe ∨ thim | serpolet etc.

⅄ EPICES

) coque ◡ enveloppe ⌒ pellicule ∧ poivre ∨ girofle | muscade etc.

⅄ HERBAGES

) cœur ◡ côte ⌒ persil ∧ cresson ∨ pommée | laitue etc.

| RACINES

) queue ◡ tète ⌒ radis ∧ navet ∨ rave | panais etc.

| FOURRAGES

) gerbe ◡ coupe ⌒ luzerne ∧ trèfle ∨ raigras | paille etc.

| LÉGUMES

) chou ◡ brocoli ⌒ ciboule ∧ oignon ∨ artichaud | cardon etc.

) GRAINS

) blé ◡ avoine ⌒ maïs ∧ sorgo ∨ lin | chanvre etc.

Plantes Médicinales.

∫ PLANTES

) magalep ◡ coriandre ⌒ ambrette etc

∫ RACINES

) salsepareille ◡ réglisse ⌒ quinquina etc.

∫ FEUILLES-FLEURS

) verveine ◡ camomille ⌒ nénuphar etc.

∫ FRUITS

) écorce ◡ noix vomique ⌒ goyave etc.

Règne ◯ Animal.

Mots qui s'y rattachent. Races. Espèces.

‿ QUADRUPÈDES

) gueule ◡ museau ⌒ hure ∧ trompe ∨ défense | muffle etc.

Carnassiers

) tigre ◡ panthère ⌒ lion Λ crin V poil | pelage etc.

Sauvages

) sanglier ◡ cerf ⌒ gazelle Λ chevreuil V bison | grouin etc.

Domestiques

) cheval ◡ bœuf ⌒ mouton Λ chameau V sabot | corne etc.

OISEAUX

) bec ◡ serre ⌒ plume Λ chant V cri | gazouil[t] etc.

De Proie

) aigle ◡ vautour ⌒ faucon Λ hibou V milan | épervier etc.

De Volière

) rossignol ◡ fauvette ⌒ mésange Λ allouette V pic-vert | pinson etc.

De Basse-cour

) pigeon ◡ poule ⌒ coq Λ canard V patte | ergot etc.

POISSONS

) turbot ◡ merlan ⌒ lamproie Λ arête V nageoire | queue etc.

AMPHIBIES

) morse ◡ phoque ⌒ palme Λ dent V œil | écaille etc.

COQUILLES

) huitre ◡ pétoncle ⌒ prère Λ moule V oursin | bivalve etc.

REPTILES

) serpent ◡ couleuvre ⌒ vipère Λ lézard V aspic | venin etc.

VERS

) chenille ◡ v. à soie ⌒ ténia Λ larve V cocon | rampant etc.

INSECTES

) cantharide ◡ charenson ⌒ papillon Λ fourmi V antenne | aile etc.

Règne ⃝< **Minéral.**

Mots qui s'y rattachent. Leur emploi.

< PIERRES *Précieuses*

) diamant ◡ grenat ⌒ rubis ∧ émeraude ∨ taille | facette etc.

<· *Recherchées*

) granit ◡ porphire ⌒ agathe ∧ jaspe ∨ ornement | carrière etc.

<·· *Communes*

) albâtre ◡ marbre ⌒ ardoise ∧ calcaire ∨ bâtisse | tendre, etc.

<··· MINÉRAUX

) nitre ◡ aimant ⌒ vitriol ∧ naphte ∨ jayet | amiante etc.

⃝> **Métaux.**

> *Précieux*

) or ◡ argent ⌒ platine ∧ aluminium ∨ lingot | plaque etc.

>· *Estimés*

) cuivre ◡ fer ⌒ plomb ∧ acier ∨ lamine | barre etc.

>·· *Communs*

) zing ◡ étain ⌒ soudure ∧ feuille ∨ étamage | toiture etc.

>··· MINERAIS

) mercure ◡ cobalt ⌒ arsenic ∧ manganèse ∨ litharge | paillette etc.

Pour complément de ce signe nous donnerons les noms des puissances européennes.

⃝⊔ **Nations Européennes**

) France ∨ Espagne — Pologne ⅄ Hollande

◡ Angleterre | Italie ʔ Turquie)∧ Suède

⌒ Russie / Autriche 3 Grèce ʅ∨ Belgique

∧ Allemagne \ Prusse ƨ Suisse } Danemarck

Tout ce qui tient à la création et aux lois physiques de l'univers peut être représenté par le signe

TRADUCTION PASIGRAPHIQUE

tout tenant à l'univers matériel pouvoir être renfermé dans figure-ci.

N° 4.

Les Choses

Rencontrant l'antithèse O

le vrai	le beau	le faux	le laid
l'utile	l'agréable	le frivole	le désagréable
le bien	le devoir	le mal	l'inconduite
le bien-être	l'honneur	le malaise	la honte
le bonheur	l'abondance	le malheur	la stérilité
la fortune	la conscience	la misère	le remords
la paix	la civilisation	la guerre	la barbarie
la récompense	le progrès	la punition	la décadence
la conviction	le silence	le doute	le bruit
le souvenir	le succès	l'oubli	la déception
l'ordre	la liberté	la révolte	la servitude
le jugement	le patriotisme	la sottise	le fanatisme
le génie	la gloire	l'incapacité	l'obscurité
la santé	la vié	la maladie	la mòrt

Sans le contre O

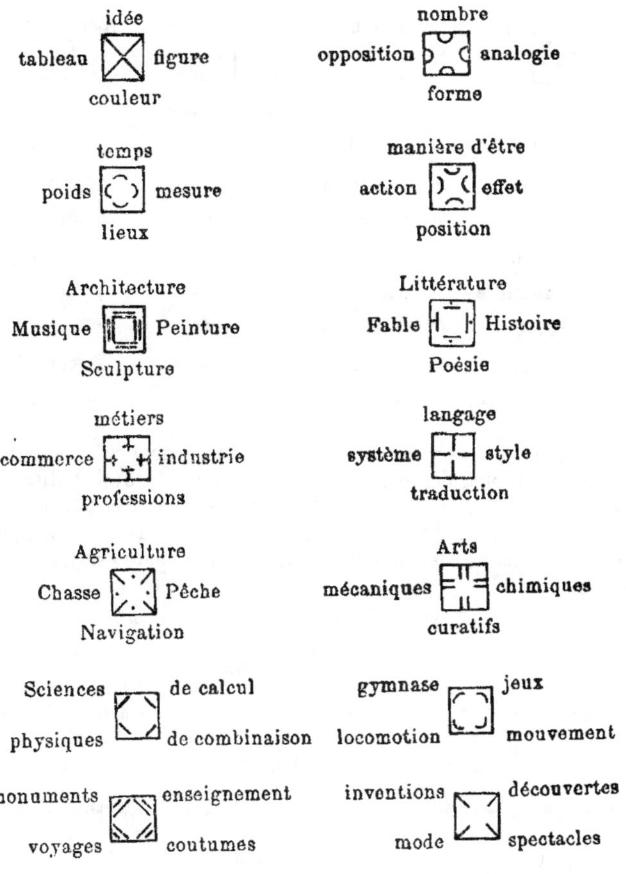

Le logement, la nourriture, le vêtement, l'ameublement constituent le bien-être individuel. Traçons le signe des choses et entrons dans les détails comme nous l'avons déjà indiqué pour les règnes de la nature.

LOGEMENT	NOURRITURE	VÊTEMENT	AMEUBLEMENT
⊟	⊠	⊠	◫
) palais	) pain	, manteau	) tapis
◡ hôtel	◡ biscuit	◡ schal	◡ glace
⌒ château	⌒ viande de b^e	⌒ burnous	⌒ canapé
Λ villa	Λ gibier	Λ redingote	Λ fauteuil
V maison	V volaille	V robe	V chaise
| chaumière	| pâtes	| habit	| rideau
/ chambre	/ entremets	/ pantalon	/ pendule
\ cellule	\ hors d'œuv.	\ pardessns	\ candélabre
— cabane etc.	— dessert etc.	— gilet etc.	— table etc.

Si nous voulons exprimer les mots : à l'envers, à l'endroit, dessus, dessous, devant, derrière; les mots : grand, petit, long, large, gros; les mots : rond, carré, ovale, cylindrique; les mots : siècle, année, mois, jour, etc., etc., ces termes appartenant au carré des choses, nous aurons pour signes corrélatifs :

(classement des mots par la numération)

POSITION

) à l'envers	◡ à l'endroit	⌒ dessus	Λ dessous	V devant	| derrière

MESURE

) grand	◡ petit	⌒ long	Λ large	V gros	| épais

FORME

) rond	◡ carré	⌒ ovale	Λ cylind^que	V plat	| oblong

TEMPS

) siècle	◡ année	⌒ mois	Λ jour	V heure.	| minute

Les choses dans l'ordre social

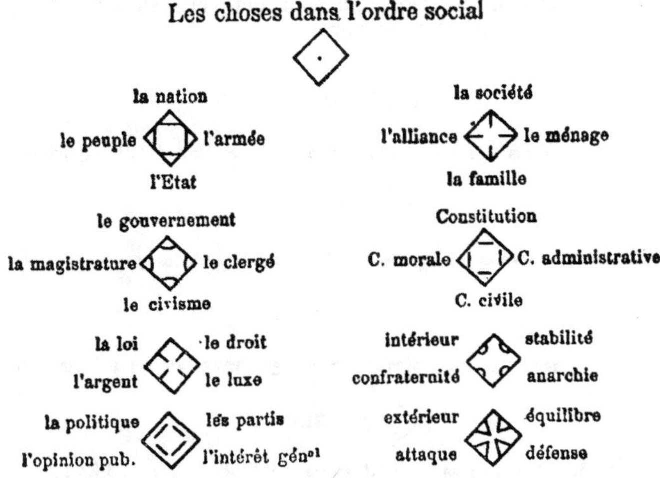

Si nous prenons les mots qui se relient aux signes *famille*, *société*, *alliance* ou *ménage*, nous aurons, en consultant notre tableau général ou en suivant les hiérarchies :

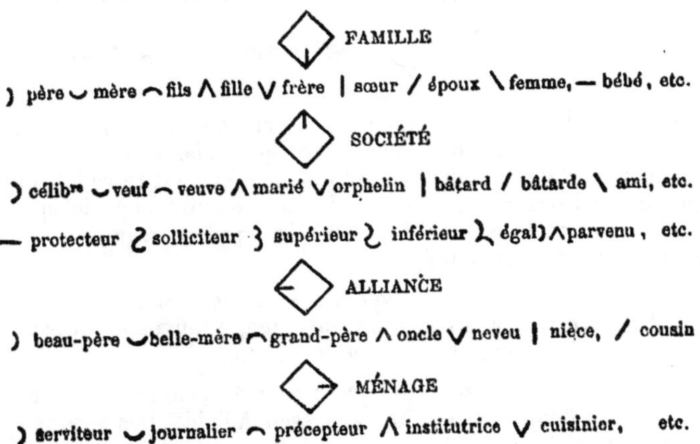

Si nous prenons les mots qui se relient aux signes *nation, peuple, armée* ou *Etat,* nous aurons :

) les représentants ‿ les conseillers municipaux ⌢ les conseillers généraux.

) les ouvriers ‿ les bourgeois ⌢ les financiers ∧ les paysans, etc.

) les maréchaux ‿ les amiraux ⌢ les généraux ∧ les soldats, etc.

) le chef de l'Etat ‿ raison d'Etat ⌢ coup d'Etat ∧ Conseil d'Etat, etc.

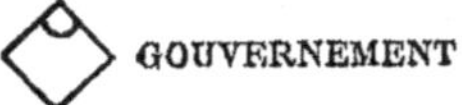

) monarchique ‿ républicain ⌢ confédératif ∧ oligarchique ∨ constitut[nel]

On voit, d'après les tableaux ci-dessus, que la *Pasigraphie*, prise au sérieux par le monde savant, peut classer *tout* ce qui est du ressort de l'intelligence, et qu'elle n'exige d'autre labeur que le tracé des courbes et des droites, d'autre capacité que l'interprétation des signes corrélatifs, interprétation que les cinq points de repère rendent facile.

Le mécanisme que nous venons de démontrer est des plus simples, et dans son application au langage universel, il peut être assimilé au jeu naturel de la numération.

Chacun de nos signes indique une idée commune. Notre numération définit les mots qui s'unissent à l'idée. Dès lors quoi de plus facile à saisir, à retenir et à tracer que nos signes et nos phrases. Etablissons encore un exemple à l'appui du précepte.

7 désigne le verbe *parler*; nous écrirons, après ce signe, le nombre assigné à chaque expression dans notre tableau général, et nous aurons, non seulement les nuances de la pensée renfermée dans le verbe *parler*, mais encore toutes les locutions ou mots qui peignent une *manière d'être* et se rattachent à la parole :

) parole ◡ voix ⌒ son ∧ verbe ∨ prononciation | locution / conversation \ diction. — accent ʔ babil, etc.

Interjections ou *façons de parler.*

3 patience ! chut ! silence ! motus ! écoutez ! plaît-il ! heu ! ô surprise ô bonheur ! ô délire ! ah ! oh ! fi ! pouah ! allons-donc ! ho ! dérision ! ouais ! hum ! ouï-dà ! à moi ! à la garde ! à l'assassin ! au voleur ! au feu ! aïe ! alerte ! gare ! merci ! miséricorde ! malheur ! hélas ! comment ça va ? qu'est-ce ? que se passe-t-il ? ah bah ! qu'importe ! je m'en moque ! ouf ! certes ! sans doute ! holà ! hohé ! ciel ! fichtre ! diable ! bonjour. bonsoir. bonne nuit. tant pis ! tant mieux ! hurrah ! vivat ! bravo !

Admettons que l'anglais traduise le mot *fi* ! par *shoking* ! le grec par *orros* ! le chinois par *ouh* ! l'espagnol par *caramba* ! le turc par *fiski* ! le slave par *fouy* ! le portugais par *vaya* ! l'italien par *oibò* ! l'indien par *dar* ! bref, les divers peuples par un mot différent. Toutes les langues du globe n'auront qu'une manière de l'exprimer en l'écrivant 7 ∽ , c'est-à-dire la 23e expression du verbe *parler*.

Supposons, à cette heure, notre méthode adoptée par les nations civilisées, pour être vulgarisée chez les peuplades sauvages par les apôtres de l'humanité. Le missionnaire catholique ou anglican n'aura plus à perdre un temps précieux — perdu pour le progrès — uniquement consacré à l'étude des dialectes barbares, pour se faire comprendre des hommes non policés, et l'habitant des contrées reculées du globe voyageant pour s'instruire, sera heureux d'être compris à Paris, sans avoir appris le français, cette langue si difficultueuse que Napoléon Ier, dans son orgueil national, aurait voulu rendre universelle.

Rien n'est plus concluant qu'un fait. Notre méthode et nos tableaux ont été traduits en toutes langues, dialectes ou idiomes. Notre grammaire universelle a été comprise par l'universalité. Le fait sensible va s'en dégager, et la conversation suivante s'établit dans un vagon de voyageurs, sur la voie ferrée de Panama, entre un indigène des boulevards de Paris et un naturel d'Amarapoura.

LE PARISIEN. — Connais-tu la pasigraphie?

L'INDIEN. — Je la connais.

LE PARISIEN. — Quelle est ta patrie?

L'INDIEN. — L'Asie... et la tienne.

LE PARISIEN. — La France... Quelle est ta religion?

L'INDIEN. — La religion hindoue... et la tienne?

LE PARISIEN. — Catholique. C'est la religion de la sagesse et de la justice.

L'INDIEN. — Pourquoi?

LE PARISIEN. — Parce que c'est la religion vraie.

L'INDIEN. — Peut-être!

LE PARISIEN. — La morale réunit toutes les religions.

L'INDIEN. — Elle nous lie l'un à l'autre par la sympathie.

LE PARISIEN. — Oui. Tous les hommes intelligents sont égaux devant la liberté des croyances, quelque soit leur couleur; nous croyons à Dieu; nous sommes tous deux enfants de Dieu; donc, nous sommes frères.

Voici la traduction pasigraphique de cette conversation qui pourrait se continuer sans cesser d'être intéressante pour ces deux voyageurs fraternisant dans une première entrevue :

LE PARISIEN.. ? Toi, parler langage universel ?

L'INDIEN..... Connaître lui.

LE PARISIEN.. Patrie à toi ?

L'INDIEN..... L'Asie. Et la tienne.

LE PARISIEN.. La France. Religion tienne ?

L'INDIEN..... Religion Hindoue. Et la tienne ?

LE PARISIEN.. Catholique. La religion sage-juste.

L'INDIEN..... Pourquoi ?

LE PARISIEN.. Parceque être la religion vraie.

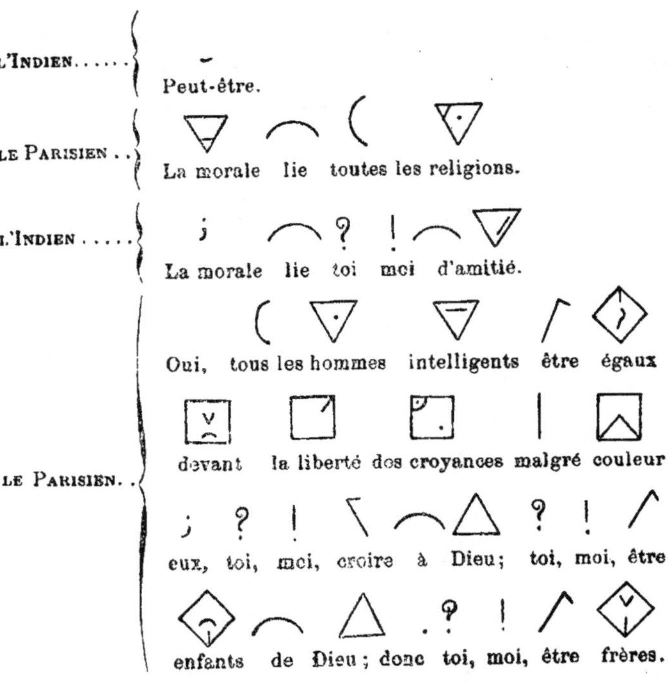

Qu'on ne perde pas de vue que la numération pasigraphique est la même qu'en Sténographie, et que les signes sont d'une simplicité et d'une précision remarquables :

( ) ⌣ ⌢ ^ v | / \ –

0. 1. 2. 3. 4. 5. 6. 7. 8. 9.

comme dans la Sténographie on réunit les signes sans difficulté.

Ainsi 10, 12, 15, se tracent

Les verbes auxiliaires *être*, *avoir* sont d'un grand secours, car ils aident la marche des phrases et signifient encore *exister*, *posséder*.

penser \ c'est réfléchir, étudier, s'instruire.

faire / c'est agir, travailler, aller, venir, pratiquer.

dormir → c'est ne rien faire, fermer les yeux sur.

vouloir \ c'est désirer.

pouvoir ∠ c'est être à même de.

croire \ c'est affirmer, être convaincu, avoir conscience de.

voir — c'est s'assurer de.

parler 7 c'est discuter, raisonner, démontrer.

Les modes et les temps sont supprimés en pasigraphie. *je tu, il* ou *elle, nous, vous, ils, eux* ou *elles* sont remplacés par **!** *moi* **?** *toi* **;** *lui*, qui expriment également les pronoms personnels : *mien, tien, sien, notre, votre, leur, ma, ta, sa, nos, vos, leurs* et *me, te, se* ou *soi*.

Les verbes deviennent substantifs. Les substantifs deviennent adjectifs ou adverbes. La marche de la phrase exprime le genre masculin ou féminin. Les participes présents ou passés, bref, tout ce qui rend une langue difficile à apprendre, parce qu'elle est compliquée, est retranché de notre méthode dont les signes simples doivent être compris et tracés par tous les hommes — même les plus maladroits — Il ne s'agit pas de représenter des *Isis* et des *Osiris* à tête d'épervier, armés de bâtons et de fouets, ou de tracer des figures symboliques, tous signes hiératiques connus seulement des initiés aux mystères théogoniques ; mais de représenter des idées générales, accessibles aux intelligences les plus ordinaires, de tracer des signes d'une exécution facile, en un mot, de désigner sous la forme d'un triangle, d'un cercle et d'un carré : *la divinité, l'humanité, l'univers* et *les choses*, au lieu de traduire ces mêmes mots dans toutes les langues répandues, pour en former un tout collectif plus difficile à analyser et à compulser que la fameuse encyclopédie, dont les volumes poudreux, depuis un siècle, servent d'asile aux acarus et aux rongeurs dans nos bibliothèques publiques.

Nous possédons, en Europe, 23 langues principales sans y

comprendre les nombreux idiômes ou dialectes qui forment un langage bien éloigné de la langue-mère. Or l'Europe n'a que 265 millions d'habitants. L'Asie en contient 400 millions, et les trois autres parties du globe — 130 millions — Il est à supposer que 2000 manières (au minimum) d'exprimer *un mot*, sont employées par les 795 millions d'individus qui se meuvent sur la terre. Dès lors pour exprimer cette phrase :

La partie intelligente de l'homme gît dans la tête qui comprend: la FACE, *soit le front, les yeux, le nez, la bouche, les joues* et *le menton; le* CRANE, *soit les cheveux, les tempes, les oreilles;* il faudrait traduire une vingtaine de mots en 2000 idiômes différents, soit *quarante mille mots*; quand on peut réunir ces 40,000 mots dans cette simple phrase pasigraphique :

partie intelligente être tête humaine réunissant :

front, yeux, nez, bouche, joues, menton, crâne, cheveux, tempes, oreilles.

Cinq signes pasigraphiques remplaçant **vingt mots** qui en exigeraient **quarante mille** pour la traduction universelle.

Quel Résultat !

PHRASÉOLOGIE PASIGRAPHIQUE

1. TOUT, depuis l'infiniment petit jusqu'à l'infiniment grand peut être représenté par nos signes pasigraphiques.

2. Tous signes exprimant les idées générales et ceux désignant les choses de la vie matérielle, seront contenus dans le tableau que nous présenterons en temps opportun au chef de l'Etat.

3. Dont nous sollicitons le patrônage, pour traduire notre méthode pasigraphique en douze langues européennes, savoir :

   L'Anglais, le Russe, l'Allemand, l'Espagnol, l'Italien, l'Autrichien, le Prussien, le Polonais, le Turc, le Grec le Hollandais et le Suédois.

Traduction en Langage Universel

PREMIÈRE PHRASE.

Tout, grand-petit à l'infini, pouvoir être indiqué par figures nôtres.

DEUXIÈME PHRASE.

Tous signes indiquant idées, et figures désignant choses matérielles

être contenus dans tableau, vu en temps utile par le chef de l'Etat.

TROISIÈME PHRASE.

Nous être solliciteur envers l'Etat-protecteur pour

traduction système-nôtre dans 12 langues Européennes : l'Anglais,

le Russe, l'Allemand, l'Espagnol, l'Italien, l'Autrichien, le

Prussien, le Polonais, le Turc, le Grec, le Hollandais, le Suédois.

Tous ceux qui se sont occupés de la langue universelle, ont pris le mot pour l'idée, et les sociétés de linguistique en essayant de constituer un langage neutre *parlé*, n'ont pas réfléchi que le langage universel ne doit pas être un *charabia* puisé aux racines de deux mille dialectes établis, et que les générations, en respectant la tradition du *verbe* national, préféreront apprendre le pur langage des autres peuples, plutôt que d'étudier une langue plus incorrecte que rationnelle. Mais un homme ne peut apprendre et retenir deux mille manières de parler; c'est pourquoi le langage unitaire *écrit* est le seul qui soit possible, parce que des signes simples de convention représentant les idées et les mots, constitueront une grammaire générale qui réunira, par la traduction universelle, les idées et les mots de toutes les langues à ces mêmes signes. Nous prendrons pour point de comparaison le langage de la musique, véritable langue universelle comprise par tous les hommes qui n'ont pas deux manières d'en interprêter les signes.

Si nos méthodes de Sténographie, de Mnémotechnie et de Pasigraphie combinées sont adoptées par les nations européennes, elles se vulgariseront jusqu'aux confins de notre planète, et l'homme non policé, en traçant nos signes sur le sable des grèves, sur la poussière des déserts, sur le limon des landes, sur la neige des steppes, se fera comprendre de l'homme civilisé qui l'instruira et le gagnera à la cause du progrès en l'appelant *mon frère*.

Il est des mots qui peuvent échapper aux signes et qui sont uniformément adoptés par tous les peuples instruits, mais qui subissent des modifications dans la manière de les prononcer : tels sont les noms d'hommes ou de villes. Il nous faut donc établir un alphabet, clé indispensable de toute grammaire. Cet alphabet, nous le créerons avec les signes primitifs du Zend, du Sanskrit, de l'Arabe et du Chinois, tous signes de la plus grande simplicité, comme on va le voir.

Nous avons conservé pour la numération les signes de notre Sténographie ; nous conserverons aussi les mêmes crochets pour les voyelles ou sons, et nous constituerons l'alphabet universel

réuni dans cette figure  soit :

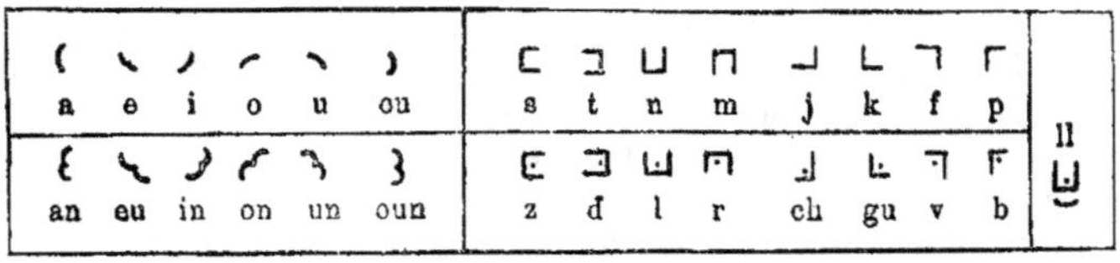

(	⸜	⸝	⸍	⸌	)	⊏	⊐	⊔	⊓	┘	└	┐	┌	ll
a	e	i	o	u	ou	s	t	n	m	j	k	f	p	
{	⸜	⸝	⸍	⸌	}	⊏	⊐	⊔	⊓	┘	└	┐	┌	⊔
an	eu	in	on	un	oun	z	d	l	r	ch	gu	v	b	

signes que tout homme maladroit mais intelligent comprendra et tracera sans difficulté.

EXEMPLE

Alexandre **Napoléon** **Victoria** **Paris** **Londres**

Les érudits qui ont commenté le *Zohar*, le *Sépher*, le *Thalmud*, le *Jesirah*, l'*Idra*, la *Mischna*, le *Koran* ou le *Bhâgavad Gîta*, seront étonnés du rapprochement de cette écriture avec celle des monuments de la tradition et surtout de sa simplicité pratique.

Le langage des signes est très abréviatif surtout quand les signes forment des images. Ainsi nous voudrons désigner une maison d'habitation et ses détails extérieurs, au lieu de nous servir des numéros indiquant chaque objet, nous tracerons le signe *logement*, et nous ajouterons au dessus le signe liaison, ce qui, avec les signes auxiliaires, exprimera la *façade*, les *murs*, les *étages*, la *toiture*, les *gouttières*, la *cheminée*, la *corniche*, les *fenêtres*, la *porte*, le *sol*, etc., douze mots qui demanderaient une longue suite d'explications et près de 25,000 mots dans le *codex* des langues.

Pour convaincre ceux de nos lecteurs qui nieraient la possibilité d'une langue universelle écrite, nous allons établir un exemple qui détruira dans leur esprit tout doute à ce sujet. Supposons que dans l'opulente ville de Newyork, on ait construit un magnifique hôtel pouvant abriter deux ou trois mille voyageurs appartenant à chacun des points du globe où le langage est partiel. Nous avons fixé une moyenne de deux mille langues ou dialectes, ce qui est peu. Le maître d'hôtel, s'il veut contenter tout le monde, sera obligé de distribuer chaque jour la carte du menu en 2000 langues, et chaque voyageur sera aussi contraint de parcourir 2000 pages pour rencontrer celle écrite dans sa langue; toutes choses matériellement impossibles. Notre méthode pasigraphique résoudra sans efforts le problème que nous venons de poser.

Nos lecteurs n'ont pas oublié que la numération pasigraphique est celle de la Sténographie soit :

( ) ‿ ⌒ ∧ ∨ | / \ —
0. 1. 2. 3. 4. 5. 6. 7. 8. 9.

Nous désignerons les services par des signes parlant aux yeux comme : ⅄ herbages ⁞ légumes Ƴ fruits ⁓ quadrupèdes ⁻ oiseaux 〰 liquides, etc., et nous aurons cette carte générale.

Menu d'Automne

⅄ ⁞	⁻	⁓	Ƴ	〰
) artichaut	) paon	) mouton	) poires	) champagne
‿ chou-fleur	‿ faisan	‿ bœuf	‿ pommes	‿ bourgogne
⌒ cardon	⌒ coq d'Inde	⌒ sanglier	⌒ raisin	⌒ bordeaux
∧ épinards	∧ poulet	∧ porc	∧ confitures	∧ rhin
∨ poireaux	∨ canard	∨ cheval	∨ ananas	∨ languedoc
| céleri	| pigeon	| chevreuil	| bananes	| bière
/ navets	/ oie	/ cerf	/ dattes	/ âle
\ oignons	\ petits oiseaux	\ bison	\ figues	\ porto
— chicorée	— perdrix	— gazelle	— marrons	— porter
2 laitue etc.	2 poule d'eau etc.	2 ours etc.	2 olives etc.	2 eau etc.

De sorte que le voyageur norvégien ou méridional, pour

indiquer les mets qu'il désire, comme : *pigeon*, *bœuf*, *choux*, *porto*, *ananas*, etc. n'aura qu'à tracer ces signes : — |. — ‿ ! ‿. ~~~\. ∨̇ ∨. sans autres désignations, puisque notre tableau général, après avoir indiqué tous les mots, aura été traduit en toutes langues, pour converger vers le langage unitaire des signes.

Tels sont les éléments pasigraphiques que nous soumettons aux académiciens de tous les pays et qui, coordonnés, enrichiraient le livre d'or des connaissances humaines d'une page scientifique dont chaque signe analyserait la libre pensée et traduirait le sens universel attaché à ce mot : *Progrès* ⌐⌐

Lorsque l'Abbé-de-l'Epée composa sa grammaire à l'usage des sourds-muets, il constitua un langage de convention qui ne s'adressait qu'aux parias de la nature. *Tout* ne peut être exprimé par les signes de la main ; il faut faire école pour parler par gestes, d'ailleurs, rien n'est fatigant et disgracieux comme cette pantomime créée pour l'infirmité humaine et que chacun comprend à sa manière.

Notre Pasigraphie, comme la grammaire utile de l'Abbé-de-l'Epée, devait naître de la nécessité. Deux voyageurs parlant un langage propre que ni l'un ni l'autre n'ont appris, sont muets. C'est pour briser la monotonie de l'isolement mental que notre méthode, comparable à la locomotion rapide par voies ferrées relie les rapports généraux et privés, soulage l'esprit et le cœur et crée une source inépuisable de distractions. La Pasigraphie s'adresse à tous et son application peut avancer de dix siècles la civilisation universelle □ ○

Dernière Remarque.

En se souvenant des mots : *Voûte*, *Halte*, *Jonchets*, on possède à fond le mécanisme des signes employés dans les trois méthodes W. Léo TAILLIAN, soit les courbes, les crochets et les droites de la Sténographie, les carrés et les angles de la Pasigraphie, enfin l'ordre numérique des lettres consonnes appliquées à la Mnémotechnie.

EXEMPLE :

Voûte.				**Malte.**		**Jonchets.**			
Sou - té - ne - ment				**Re - lai**		**Jeu - qui - fait - peu**			
se	*te*	*ne*	*me*	*re*	*le*	*je*	*ke*	*fe*	*pe*
0.	1	2.	3.	4.	5.	6.	7.	8.	9.
(	)	◡	⌒	∧	∨	|	/	\	—
⊏	⊐	⊔	⊓	⊓	⊔	┘	└	┐	┌

On a vu que la lettre ᔕ renversée indique les sons ou voyelles ainsi que leur ordre mnémonique :

A O U — E I OU

AN ON UN — EU IN OUN

Une pratique facile résulte de cette théorie ingénieuse et nous avançons, sans nous croire prétentieux, que nos combinaisons sont d'une simplicité tellement rigoureuse, d'une précision tellement mathématique, que nous comptons sur la sympathie générale et sur l'appui des hommes éclairés de l'Europe pour l'adoption de nos trois méthodes combinées dont nous nous sommes réservé la vulgarisation en les démontrant gratuitement partout.

Marseille. — Typ. et Lith. H. Seren, quai de Rive-Neuve, 3.

SUITE DE LA LISTE DE SOUSCRIPTION

MM.

A. Gondois.
P. Pélissier-Montaux.
Piot
A. Guérin.
Berger.
Léon Billot.
Rod. Duchatelle.
Edouard Daniel.
Magnan frères.
Melchion père.
H. Canssat.
J. Pascal.
Deleuse.
Marius Giraud.
P. Tombarel.
Sans.
And. Lieutaud.
Traham.
Mouren.
Courmes aîné.
Cresson aîné.
C. Allier.
A. Riboulet.
G. Bouis frères.
A. Gonzalès.
Massabo.
Mourron.
F. Pigacé.
P. Bouis.
H. Dauphin.
Félix Abram.
Gilles Cayol.
H. Charles.
Alfred Mercier.
Charles Arnaud.
Solary.
Jules Cayol.
Baptistin Lassave.
Féraud, libraire.
Alfred Lavit.
Edmond Riboulet.
C. Randon.
Prosper Raynaud,
Jean-Jacques Riboulet.
Antoine Paranque.
C. Sacomant.
Alfred Guiol.
Jules Courtès.
Alexandre Landre.
Henry Long.
Henry Bonaud.

J.-F. Néri.
Auguste Pignon.
Hypolite Bernard.
D. Brousset.
L. Michalet.
Aug. Roux.
Marius Beau fils.
M. Réglier.
H. Granon.
C. Guibert.
F. Faure.
J. Fouque.
C. Juran.
G. Car.
Mouren et Marié.
P. Gémy.
Alp. Croze-Magnan.
Marius Guiraud.
Auguste Molinari,
Marius Jullien.
Pierre Bonnafoux.
Charles Courlet.
Amédée Bousquet.
Léonce Barthélemy.
A. Dauvergne.
A. Moustié.
Léon Donnadieu.
E. Mengelle.
Al. Giraud.
Eugène Bonnasse.
Souchon (l[t] de cavalerie)
Jules Decamps.
L. Bonnet.
N. Chave.
Th. Audibert.
J. Villard.
Lucien Carcassonne.
C. Carcassonne.
Jh. Drougnon.
Marius Allègre.
Hyp. Vassal.
Jh. Bastide.
Eug. Barthélemy.
Jules Moulard.
Edmond Lamotte.
Gassend.
F. Bouquet.
Gad. Chave.
Nicolas Reggio.
Harmelin.
Maurice Bouquet.

Gustave Sapy.
André Mouren.
Auguste Joully.
Auguste Espinasse.
C. Granier.
Julien Arnaud.
Marius Barneaud.
Paul Blanc.
Marcel Isnard.
François Cayol.
Joseph Rouvier.
J.-B. Ladouce.
Ed. Peloux.
C. Pierrugues.
Henry de Ravel.
L. Amiel.
Rap[l]. Pirro.
Gombert.
Ed. Couve.
P.-E. Caillol.
E. Loubon.
Duroure.
Alfred Siau.
Hugh. Hopkinson.
P. Laffitte.
Marius Mouraille.
A. Pougnet.
F. Salles.
Salomon, père.
Salomon, fils.
Casimir Rambaud.
Méry.
Campana.
Martino.
Ch. Baccuet.
de Garam.
Arthur Fraissinet.
Ad. Retonde.
J[les]. Gyraud.
Octave Moreau.
de Bouillane-Colombe.
de Montézan.
Plane.
J. B. Saéton.
Ghirlanda.
Prassaccachi.
G. Arjéian.
A. Philopal.
Mauroux.
H. Autran.
F. Rambert.

POUR PARAITRE PROCHAINEMENT

PAR LIVRAISONS DE 24 PAGES IN-12

Edition de luxe, à 50 cent. la livraison pour la France seulement.

ΑΛΗΘΕΙΑ

OU

LE RÉALISME ÉCLECTIQUE

LIANT SYNTHÉTIQUEMENT

LES ÉCOLES CLASSIQUE ET ROMANTIQUE A L'UNITÉISME ESTHÉTIQUE

ENCYCLOPÉDIE DE POCHE

Définissant et classant *par styles* les QUARANTE GENRES de poèmes admis de nos jours dans la littérature française.

OUVRAGE DIDACTIQUE

Précisant l'ÉCOLE FUSIONNISTE et contenant, outre les préceptes, plus de 80 exemples y relatifs, tels que :

l'ÉPOPÉE, l'HÉROÏDE, l'ÉLÉGIE, la SATIRE, le DISCOURS, l'IDYLLE, l'ÉGLOGUE, la CHRONIQUE, la LÉGENDE, le FABLIAU, la BALLADE, le CONTE, la FABLE, l'ODE, l'ÉPITRE, les POÈMES à coupe imposée, les PIÈCES LYRIQUES et les PETITS GENRES;

TOUTES PIÈCES INÉDITES, COMPOSÉES PAR

WILLHELM-LÉO TAILLIAN.

www.ingramcontent.com/pod-product-compliance
Lightning Source LLC
LaVergne TN
LVHW012000160826
845678LV00002B/639